작가의 말

작가 **김준희** | 작가는 이화여대에서 국어국문학을 전공하고 오리콤, 메이트, 제일기획, 웰콤에서 약 20년간
카피라이터와 크리에이티브 디렉터로 일하며 많은 광고캠페인들을 제작했고 다수의 상을 수상했습니다.
현재는 '손가락 빠는 바니눈에게 생긴 일'을 시작으로 광고와 육아의 경험을 함께 활용한 독특한 컨셉의
기능성 동화책, 바니눈 시리즈를 쓰고 있습니다.

다섯 살 때 딸이 그렸던 그림이 동화책의 주인공이 되었고 어느새 훌쩍 커버린 딸이 이 동화책의 그림을 함께 그렸습니다.
"어릴 때 이런 동화책이 있었다면 나도 정리 정돈을 더 잘하게 되었을 것 같다"면서요.

정리의 기본은 비움과 제자리를 정하는 일이라고 합니다. 그러나 아이들이 혼나면서, 이유도 모른 채 무조건 제자리에 두어야
한다고 배우는 것은 좋지 않다고 생각합니다. 이 책은 아이의 눈높이에서 물건에게도 집이 있고 친구도 가족도 있다고 말해줍니다.
아무 곳에나 던져둔 물건들이 혼자만 떨어져 있으면 외로울 수 있고, 가족이 있는 집에 데려다주면 고마워하고 행복해진다는
이야기로 쉽게 정리 정돈의 가치를 알려주지요. 배려심과 공감지수를 높여주어 물건을 소중히 여기는 마음, 가족이 함께하는
즐거움도 한 번 더 생각해 보게 합니다.

아이 스스로 내 물건을 예뻐하고 내 물건들에게서 고맙다는 소리를 들을 수 있다는 생각으로 정리 정돈을 시작하게 된다면
더할 나위 없이 좋겠다는 마음입니다.

정리정돈 못하는 바니눈에게 생긴 일

글·그림 김준희·이정민

BANINOON

나는 장난감을 좋아해요.

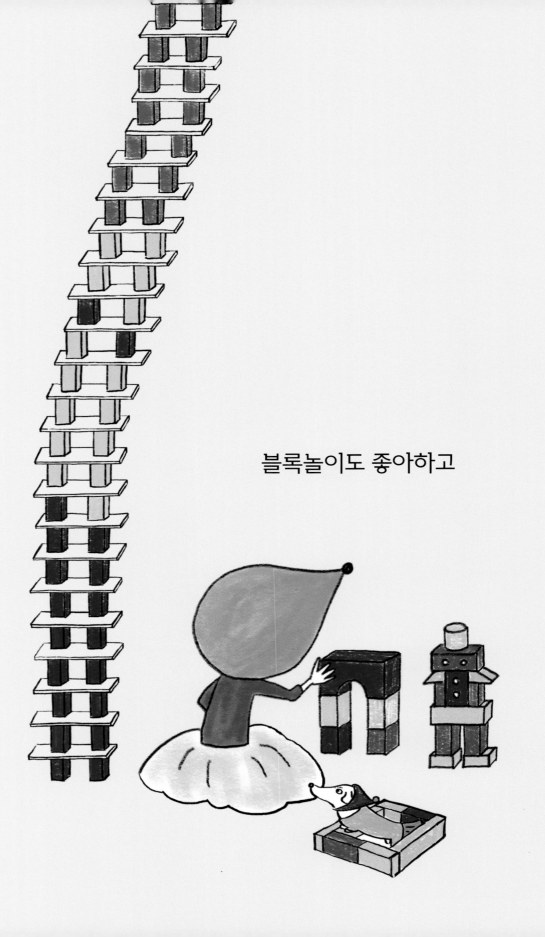

블록놀이도 좋아하고

인형놀이도 좋아하고

동화책도 좋아하고

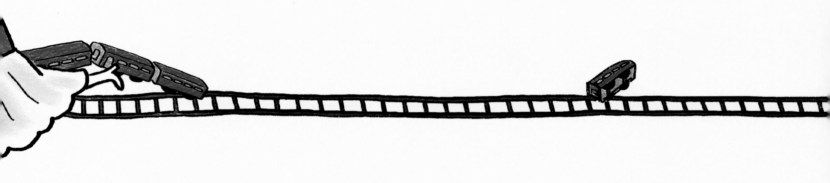

기차놀이도 좋아하고

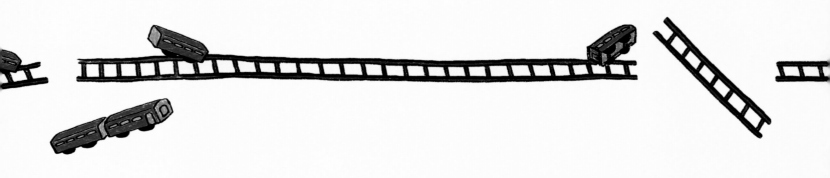

그림 그리기도 좋아하고

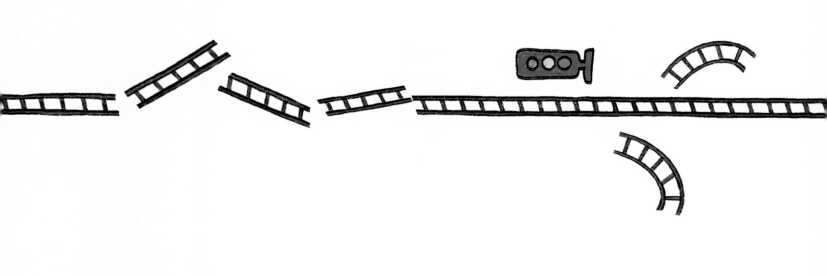

아, 주방놀이도 좋아해요.

그래서 내 방엔 언제나
하나 가득 장난감이 쌓이죠.
아이 좋아!

그런데 우리 엄마는 내 방에 들어올 때면
장난감을 밟을까봐 까치발로 걸어야 해서 힘들대요.
그래서 깨끗이 치워야 한대요.

하지만 왜 꼭 치워야 돼요?
내일이면 또 꺼내서 놀텐데...

그리고 난 뭐가 어디에 있는지
다 알고 있단 말이에요.

실컷 놀다 낮잠 잘 시간이 되면
눈이 스르르 감기는 것도 좋아요.

막 잠이 들려고 하는데
어디선가 작은 목소리가 들렸어요.

"저기..."

노란 블록 하나가
사진을 들고 내게 다가왔어요.
주방놀이할 때 계란말이가
되었던 블록이에요.

"집으로 가는 길을 잃어버렸어.
엄마가 기다리실 텐데..."

나는 노란 블록이 내민 사진을 들여다보았어요.
그건 내 블록놀이 상자 사진이었어요!

"이건 내 블록 상자잖아. 저기 있는데..."
그러자 노란 블록이 반가워하며 말했어요.
"정말? 그럼 날 좀 데려다줄 수 있니?"

나는 노란 블록을 데려다주었어요.
상자 안에선 블록 가족들이
노란 블록을 기다리고 있었어요.

"여기야, 여기!"

"고마워, 고마워."
별로 힘든 일도 아니었는데 그렇게 고마워하며
기뻐하는 블록 가족을 보자
나는 왠지 머쓱해졌어요.

누군가 이번에는
내 옷자락을 잡아당겼어요.
내 생일에 공룡 박물관에서 데려온
스테고사우루스였어요.

"너도 집을 찾고 있니?"
내가 물어보았어요.
"응, 가족들이 기다리고 있을 거야."

고개를 돌려 인형 상자를 보니,
아니나 다를까 인형 가족들이
팔을 벌리고 부르고 있었어요.

나는 스테고사우루스를 인형 가족들에게
조심히 데려다주었지요.

"고마워, 고마워!"

인형가족들에게서 고맙다는 인사를 듣고 왔더니
이번에는 온갖 장난감들이 한 줄로 서서
나를 기다리고 있었어요.

책들도

"여기야, 여기!"

크레파스들도

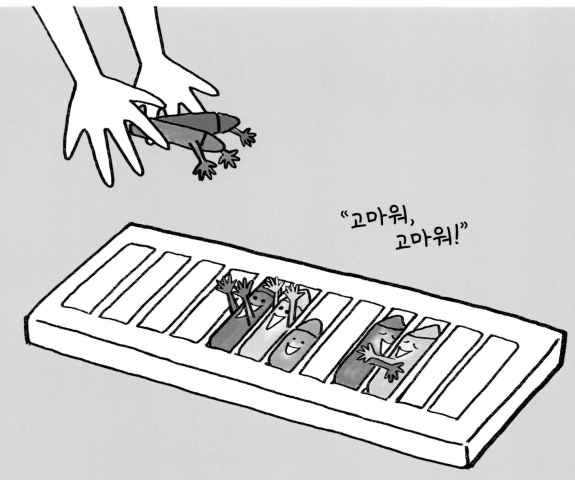

"고마워,
고마워!"

기차놀이도

"여기야, 여기!"

"여기야,
여기!"

주방놀이까지

아이고 힘들어...
장난감들을 모두 데려다주고 나니
나는 기운이 쏙 빠졌어요.
손가락 하나 까딱할 수가 없었죠.

하지만 마음은 왠지 뿌듯했어요.
고맙다는 말을 이렇게 많이 들어보기는
처음이었으니까요.

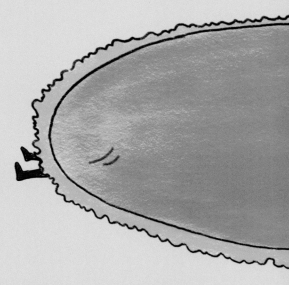

"훌쩍, 따르르르…"
러그 밑에 가려져 있던 자명종이 울음소리를 내었어요.
"아, 네가 남아있었구나, 너도 집을 찾고 있니?"
그러자 자명종이 고개를 더욱 숙이며 말했어요.
"아니, 난 집이 없어. 혼자야."

나는 자명종이 안쓰러워 말했어요.
"울지 마, 내가 집을 만들어줄게."

"여기가 좋겠다."
나는 내 침대 옆에 자명종을 놓아 주었어요.
"자, 이제부터 여기가 네 집이야.
내가 네 옆에서 잘게, 알겠지?"

"고마워,
고마워!"

모두를 집에 데려다주고 나니,
깨끗해진 내 방 여기저기에선
장난감 가족들의 행복한
웃음소리가 들렸어요.

"우와~ 방을 깨끗이 치웠네? 참 잘했어요."
엄마 아빠가 방문을 열고는 깜짝 놀라 말씀하셨어요.

맞아요. 참 잘한 것 같아요.
행복한 장난감 가족들처럼
나도 엄마 아빠랑 같이 있는 게
제일 좋으니까요.

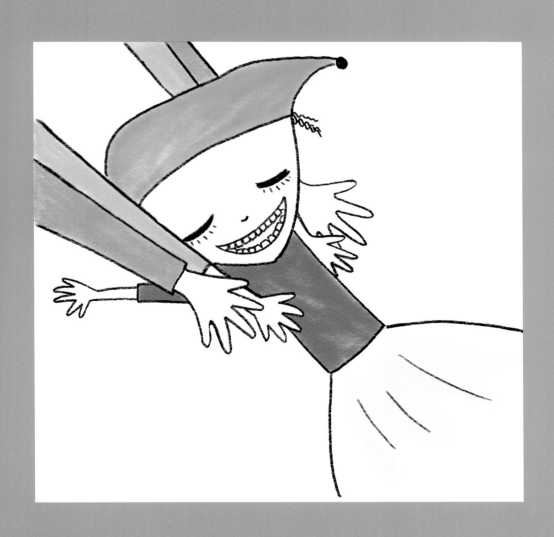

추천의 말

박종명
시인 / 전 예일여자 중·고등학교 교장

30여 년간 학생들을 지도해오면서 시간관리, 자기관리는 어릴 때부터 몸에 밴 생활습관과 무관하지 않다는 생각을 하게 됩니다. 아이들에게 선행교육도 중요하겠지만 정리 정돈과 같은 좋은 생활태도를 길러주는 습관 교육을 꼭 당부 드리고 싶습니다. 이 책을 읽다 보면 좋은 습관을 시작할 수 있도록 아이의 마음으로 키를 맞추며 조곤조곤 찾아가는 행복한 길 안내에 절로 박수가 쳐집니다. 아이를 키우는 마음의 시작점과 이정표가 구체적이고 실감 납니다.
어린이와 어른이 함께 보는 동화, 바니눈 시리즈를 통해 우리의 어린 바니눈들이 존중받고 꿈을 키우는 행복한 미래가 벌써부터 예감됩니다.

장화정
숙명여대 아동복지학 박사 / 아동권리보장원 아동보호본부 본부장

아이들을 교육할 때 흔히 저지르는 부모의 실수는 아이를 존중하기보다 어른의 관점을 강요하는 것이 아닐까
생각합니다. 정리 정돈이라는 바른 습관을 가르치기 위해 어른들의 기준이 아니라 아이 눈높이에서 쉽게 납득할 수
있는 이유를 제시해 주어 스스로 행동할 수 있도록 배려해 주는 이 책의 관점이 무척 신선합니다. 정리 정돈을 통해
자기 물건의 소중함을 알게 될 때, 남의 것도 소중히 여길 줄 아는 아이가 될 수 있습니다. 물건 하나하나에도 소중한
가족이 있다는 바니눈의 따뜻한 스토리 전개가 아이들의 감성교육에도 큰 도움이 될 것입니다.

바니눈 시리즈 소개

손가락 빠는 바니눈에게 생긴 일

혼나지 않고 울지 않고 손 빠는 버릇을 고칠 수는 없는 걸까요?
아이의 손 빠는 버릇 때문에 오래 고민해 온 엄마가 꼭 필요해서 직접 만든 책!
아이 스스로 손가락 빠는 습관을 고칠 수 있도록 도와줍니다.

썸프렌즈

동화책 속 캐릭터가 장착된 손가락 빠는 행동 교정기, 썸프렌즈.
아이가 거부감없이 스스로 놀이처럼 착용하면서
손가락 빠는 버릇을 자연스럽게 멈추도록 도와줍니다.
바니눈 홈페이지 및 스마트스토어에서 만나볼 수 있습니다.

억울한 게 많은 바니눈에게 생긴 일 (출시 예정)

엄마 아빠가 미처 몰랐던 아이의 속마음을 들을 수 있는 방법이 찾아옵니다.
털어놓는 법도, 표현하는 법도 서투른 아이들에게 꼭 필요한 마음 튼튼 비타민-
곧 출간될 바니눈 3권도 기대해주세요.

정리정돈 못하는 바니눈에게 생긴 일

초판 발행 2021년 10월 01일
글·그림 김준희 이정민 | **펴낸이** 이성용 | **디자인** 신성수 이한나 김유진 | **기획** 김재민 김나은 | **마케팅** HOWZ 임수진 김연주 공미경 한예원
펴낸 곳 (주)바니눈 | **주소** 서울특별시 논현동 7-5 7층
이메일 admin@baninoon.co.kr
등록 제 2021-0002호 | **ISBN** 979-11-971844-2-0 | **ISBN** 979-11-971844-0-6 (세트)

BANINOON